PUBLICATION DE LA RÉUNION DES OFFICIERS

LECTURE PRATIQUE

DE LA

CARTE D'ÉTAT-MAJOR

RÉDIGÉE SOUS FORME DE QUESTIONNAIRE

APPLIQUÉE A UN FRAGMENT DE LA CARTE DE FRANCE AU $\frac{1}{80.000}$

SUIVIE

**D'UN GUIDE THÉORIQUE ET PRATIQUE
POUR L'EXÉCUTION TRÈS-RAPIDE DES LEVÉS EXPÉDIÉS**

spécialement à l'usage :

1° DES SOUS-OFFICIERS DE L'ARMÉE ET DES VOLONTAIRES D'UN AN;
2° DES ÉTABLISSEMENTS D'INSTRUCTION PUBLIQUE,

PAR

M. HUMBERT

LIEUTENANT AU 30° RÉGIMENT D'INFANTERIE

PARIS

LIBRAIRIE CH. DELAGRAVE

15, RUE SOUFFLOT, 15

1879

Tout exemplaire de cet ouvrage non revêtu de notre griffe sera réputé contrefait.

000. — Abbeville. — Typ. et stér. Gustave Retaux.

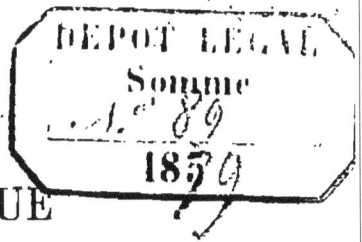

LECTURE PRATIQUE

DE LA

CARTE D'ÉTAT-MAJOR

RÉDIGÉE SOUS FORME DE QUESTIONNAIRE

CHAPITRE I

DÉFINITIONS. — ÉCHELLES. — MESURE DE LONGUEUR.

1. — *Qu'est-ce qu'une carte topographique?*
C'est une petite image d'une étendue de terrain plus ou moins grande, donnant une idée exacte des formes de ce terrain et des objets qu'on y rencontre.

2. — *Qu'appelle-t-on ÉCHELLE d'une carte?*
On appelle échelle d'une carte le rapport qui existe entre la carte et le terrain, entre l'image et la réalité.

Dire que la carte d'État-Major est à l'échelle de $\frac{1}{80.000}$
c'est dire que les dimensions du terrain sont toutes 80.000 fois plus grandes que leurs homologues (1) sur cette carte.

Ainsi la distance d'Annecy aux premières maisons

1. C'est-à-dire que celles de la carte qui les figurent.

d'Albigny étant de 0^m,015 sur la carte d'État-Major, cette distance, dans la réalité, est de :

$$0,015 \times 80.000 = 1 \text{ Km } 200 \text{ mètres.}$$

3. — *Comment s'exprime l'échelle d'une carte?*

L'échelle d'une carte s'exprime par une fraction ordinaire dont le numérateur est toujours l'unité ; et le dénominateur, le nombre de fois que les lignes du terrain sont plus grandes que leurs homologues de la carte.

Ex. : $\dfrac{1}{10.000}$, $\dfrac{1}{20.000}$ ..... $\dfrac{1}{80.000}$ etc....

4: — *Quelles sont les longueurs du terrain qui correspondent à un mètre, à un décimètre, à un centimètre, à un millimètre, mesurés sur la carte d'État-Major?*

1 m. pris sur la carte d'E.-M. représente 80.000 du terrain.

0,1	—	8.000 —
0,01	—	800 —
0,001	—	80 —

5. — *Qu'appelle-t-on* ÉCHELLE GRAPHIQUE ?

On appelle *échelle graphique,* une construction qui permet de passer rapidement et sans aucun calcul des dimensions de la carte aux dimensions du terrain.

Cette construction existe au bas de toutes les cartes de l'État-Major.

Dans l'exécution des levés, l'échelle graphique permet de résoudre le problème inverse : passer des dimensions du terrain aux dimensions du plan.

6. — *Comment construit-on l'échelle graphique des cartes d'État-Major ?*

On détermine comme il suit la longueur qui sur la carte au $\dfrac{1}{80.000}$ correspond à 1,000 mètres du terrain :

80,000 m. du terrain sont représentés par 1 mètre sur la carte (4).

1 m. du terrain sera représenté par $\dfrac{1}{80.000}$ m. sur la carte.

1.000 m. du terrain seront représentés par $\dfrac{1.000}{80.000}$ $=$ 0.0125 sur la carte.

Sur une ligne indéfinie on porte autant de fois 0 m. 0125 qu'on veut avoir de kilomètres (*vingt-et-une fois sur la carte d'État-Major, voir carte d'Annecy*).

On numérote la première divison 0 ; la deuxième, 1.000 ; la troisième, 2.000 ; la quatrième, 3.000 ; . . . . la vingt-et-unième, 20.000.

Chacune de ces divisions représente un kilomètre du terrain.

On divise ensuite la longueur qui se trouve à gauche du zéro en dix parties égales qui représenteront chacune 100 mètres, et on les numérote en allant de la droite vers la gauche, la cinquième, 500 ; la dixième, 1.000.

L'échelle ainsi construite donne les distances avec une approximation de 15 à 20 mètres correspondant au 1/5 de la plus petite division.

7. — *Comment avec cette échelle mesure-t-on les distances ?*

Avec un compas à pointes sèches, on prend la distance sur la carte, et l'on porte l'ouverture de compas sur l'échelle graphique, de façon que l'une des pointes étant sur le zéro, l'autre pointe vienne retomber sur la ligne de l'échelle à droite du zéro, et indique le nombre de kilomètres qui existent entre les deux points considérés.

Il arrivera presque toujours que la pointe de droite tombera entre deux points marqués sur l'échelle.

Soit entre le cinquième et le sixième, cela indique que la longueur cherchée est comprise entre 5.000 et 6.000 m.

Pour obtenir par une seule appréciation la longueur totale, il suffit de placer la pointe de droite sur le point 5.000 : la pointe de gauche vient tomber sur une des petites divisions à gauche du zéro. Cette petite division fait connaître la fraction de kilomètre qu'il faut ajouter à 5.000 mètres pour avoir la longueur totale.

Premier exemple. — *Chercher la distance entre le Plot et le clocher de Charvonnex (carte d'Annecy, route de Thonon).*

On prend une ouverture de compas égale à la distance qui sépare ces deux points sur la carte. En plaçant la pointe de gauche sur le zéro de l'échelle, la pointe de droite va tomber sur le point 4.000, ce qui indique que la distance entre Le Plot et Charvonnex est de 4 kilomètres.

Deuxième exemple. — *Déterminer la distance entre Annecy (usine à gaz d') et le premier coude que fait la route de Genève avant de traverser le Fier.*

L'ouverture de compas prise sur la carte et portée sur l'échelle comme dans le premier exemple, la pointe de droite est tombée entre le point 2.000 et le point 3.000. Cette pointe de droite ayant ensuite été placée sur la division 2.000, celle de gauche est retombée sur la huitième division à gauche du zéro. Cela a indiqué une longueur totale de 2 kilomètres 800 mètres.

8. — *Comment sans le secours de l'échelle graphique pourrait-on connaître les distances ?*

Il suffirait de les mesurer sur la carte (en millimètres, en centimètres ou en décimètres suivant leur importance) et de multiplier les nombres obtenus par 80 ou par 800, ou par 8.000 suivant le cas (4). •

Cette méthode est souvent employée dans la pratique, la multiplication d'un nombre rond par un chiffre suivi d'un ou plusieurs zéros étant très-facile et pouvant toujours se faire mentalement.

9. — *En opérant comme il vient d'être dit, obtient-on la distance réelle qui sépare deux points ?* (*c'est-à-dire la distance que parcourrait un homme marchant à pied pour se rendre d'un point à un autre.*)

Non.

La distance ainsi obtenue, c'est la distance directe, aussi nommée distance à vol d'oiseau.

On n'obtient la distance réelle que si le terrain est horizontal et si la route suivie est droite.

La distance change donc :

1° Avec les ondulations du sol ;

2° Avec les sinuosités des directions que l'on doit suivre.

Elle est d'autant plus forte que le terrain est plus accidenté, que les routes, chemins ou sentiers sont plus sinueux.

10. — *Comment obtiendra-t-on approximativement la distance réelle qui sépare deux points dans un terrain accidenté ?*

Si le terrain est fortement accidenté on augmentera de $\frac{1}{3}$ ou de $\frac{1}{4}$ la distance à vol d'oiseau.

Mais si la pente n'est pas supérieure à 10 ou 12 p. 100 on pourra négliger l'erreur commise en prenant la distance horizontale, cette erreur ne dépassant pas 6 mètres pour une distance totale de 1.000 mètres.

EXEMPLE. — La distance directe d'Annecy (caserne du Château) aux Puisots (direction du mont Semnoz) est de

3.640 mètres tandis que la distance réelle entre les deux mêmes points est de :

$$3.640 + \frac{3.640}{4} = 4.350 \text{ mètres.}$$

11. — *Comment obtiendra-t-on approximativement la distance réelle entre deux points pris sur une direction sinueuse ?*

Il faudra mesurer séparément les fractions en lignes droites de la route étudiée, puis les ajouter les unes aux autres pour obtenir la distance totale (7).

Ou bien développer la route en se servant d'un fil que l'on appliquera sur la carte en lui faisant suivre avec les doigts toutes les sinuosités existantes. La longueur de ce fil ensuite mesurée permettra (7) d'obtenir la longueur réelle cherchée.

Il est bien entendu que dans les deux cas, la distance devra être augmentée de 1/3 ou de 1/4 suivant la rapidité des pentes.

Exemple. — La distance à vol d'oiseau d'Annecy (usine à gaz d') à Pringy (route de Genève) est de 4.560 mètres, tandis que le développement de la route qui relie Annecy à Pringy est de 5.200 mètres (dans ce cas particulier, la pente doit être négligée).

Les méthodes ci-dessus (11) donnent une approximation suffisante ; mais elles sont très-délicates , très-longues et ne peuvent s'effectuer que sur une table bien dressée. Le mieux est de se servir du stadiomètre, du curvimètre ou de la boussole-roulette qui mesurent avec une exactitude rigoureuse la longueur développée d'une route ou d'un cours d'eau.

12. — *Description de la boussole-roulette.*

De tous les instruments qui servent à développer les

chemins sinueux, la boussole-roulette paraît réunir les meilleures qualités.

Elle est d'ailleurs donnée comme telle par tous les officiers qui s'occupent sérieusement de la lecture des cartes, et se trouve décrite dans le manuel des écoles régimentaires du 3ᵉ degré.

Elle se compose d'une petite boîte cylindrique en laiton portant à son centre un pivot, et sur ce pivot une aiguille aimantée. Le fond de la boîte porte les divisions usuelles de la circonférence en degrés avec les indications N. E. S. O., il se prolonge en dehors de la boîte de manière à former un biseau parallèle au diamètre (N. S.) et divisé en centimètres et millimètres suivant la direction (S. N.).

La boîte porte un double fond à très-petite distance du premier, et entre ces deux fonds se trouve un petit système de deux roues. La première roue est à pointés et a un développement exact de dix centimètres, elle dépasse un peu le bord de la boîte. La plaque du fond est percée de deux petites fenêtres qui permettent de voir les deux roues.

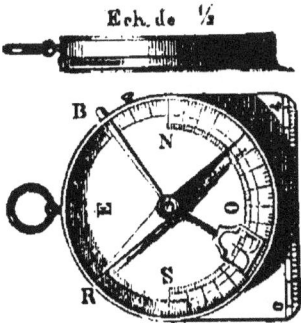

Celles-ci portent des divisions sur leur plat.

La grande roue molletée a 100 divisions numérotées de 10 en 10 depuis 0; l'autre roue porte les dix premiers chiffres; 0, 1, 2, 3, ...9.

Si on veut mesurer sur la carte la longueur d'une route, on amène avec le doigt les zéros des deux roues en coïncidence avec les petites pointes des fenêtres, ce qui s'obtient très-rapidement en agissant sur la roue molletée au point où elle dépasse la boîte, puis tenant celle-ci verticalement entre le pouce et les deux pre-

miers doigts, on fait rouler la petite roue d'une extrémité à l'autre de la route. Au point d'arrivée on enlève
la boîte et on lit dans la fenêtre inférieure en face de
l'index un certain nombre, 65 par exemple.

Chaque fois que la grande roue fait un tour complet
elle fait avancer la roue supérieure d'une division. A
cet effet, elle porte sur son axe un pignon avec une
seule dent qui vient agir à chaque tour sur les dents de
la seconde roue. Si donc dans la fenêtre supérieure
nous lisons le chiffre 4, cela indique 4 tours de la
grande roue ou 4 décimètres. La longueur totale est
donc de 465 millimètres, ou sur le terrain de 37 kilomètres 200 mètres.

A cause de son aiguille aimantée, cette roulette peut
ensuite servir de boussole de poche pour l'orientation
et pour l'exécution des levés à vue.

12 bis. — *Qu'est-ce que le curvimètre ?*

C'est un instrument de poche destiné à mesurer les
lignes courbes, les longueurs développées d'un ruisseau,

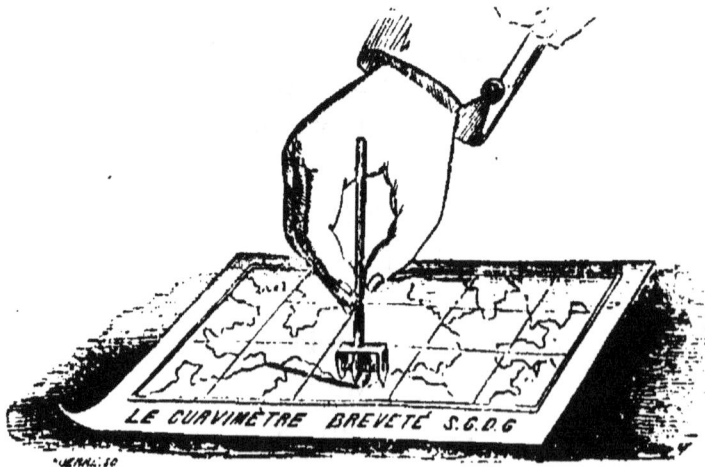

LE CURVIMÈTRE BREVETÉ S.G.D.G

d'une rivière, d'une route sinueuse, et sans faire aucun
calcul. Il consiste en une petite roue dentée qui pro-

menée d'abord sur la carte et ensuite sur l'échelle, mais en sens inverse, donne exactement la longueur que l'on veut mesurer.

12 ter. — *Comment se sert-on du curvimètre ?*

Pour mesurer sur une carte la longueur d'une route, par exemple, on tourne la petite roue dentée jusqu'à ce qu'elle touche l'extrémité du pas de vis ayant une pointe; puis on place l'instrument sur la carte, dans une position verticale, la pointe servant de guide. Ensuite on promène la roue sur la carte en suivant chaque sinuosité de la route.

Dans ce trajet, la roue dentée tournant autour du pas de vis se sera écartée de la pointe et donnera la distance parcourue.

Pour la rapporter, on enlève l'instrument de dessus la carte, on le porte au zéro de l'échelle et on promène la roue en sens inverse le long de cette échelle jusqu'à ce qu'elle s'arrête à la pointe. L'endroit où s'arrête la roue indique la longueur de la ligne mesurée sur la carte.

13. — *A quoi sert-il de connaître la distance à vol d'oiseau entre deux points ?*

Cela sert à régler les hausses pour le tir.

14. — *A quoi sert-il de connaître la distance réelle qui sépare deux points ?*

A calculer le temps nécessaire à une troupe pour se rendre de l'un à l'autre de ces deux points, en tenant compte, bien entendu, des difficultés du chemin parcouru.

15. — *Comment ferait-on si l'on voulait porter sur la carte une longueur donnée, 900 mètres par exemple, à partir d'un point connu de la carte ?*

On prendrait cette distance de 900 mètres sur l'échelle graphique en plaçant les pointes sèches d'un compas, l'un sur la division 0, et l'autre sur la 9ᵉ division à gauche du zéro. Portant ensuite une des pointes du compas sur la carte au point connu, il suffirait de décrire de ce point pris comme centre une circonférence qui aurait pour rayon 900 mètres, c'est-à-dire l'ouverture donnée par l'échelle.

On aura à résoudre ce problème lorsque l'on voudra savoir à quelle distance un ennemi qui doit attaquer une troupe postée, se trouvera lui-même exposé aux feux de cette troupe.

La distance prise sur l'échelle correspondra à la portée efficace des armes.

Exemple. — Une compagnie est postée à la tour de Branchy (au point coté 601, et situé à 4 kilomètres et demi S. O. d'Annecy).

L'ennemi s'avance vers Annecy en suivant la grande route de Chambéry à Genève et ses abords.

Déterminer les points du terrain au-delà desquels le feu de la troupe qui occupe Branchy sera inoffensif, en supposant la portée efficace du fusil d'infanterie égale à 900 mètres.

Ces points sont situés sur un arc de cercle qui, partant du premier coude que fait le chemin vicinal de Corbier au Marais à sa sortie de Ch. Sassot, va aboutir à l'ouest du village de Château-Vieux, en coupant le mamelon de Césy au point coté 598, la route de Genève à 320 mètres au nord de Treige, et en longeant la lisière nord du bois de Bessonnex.

Dans la pratique, ce problème donnera lieu à plusieurs solutions suivant qu'on opérera avec de l'infanterie ou avec de l'artillerie. Avec de l'infanterie seulement, il faudra encore tenir compte des prescriptions concernant les feux, et contenues dans la deuxième partie de l'*École du soldat*, chap. ii, art. 5. Ces prescriptions indiquent

les distances au-delà desquelles il n'est plus avantageux
de tirer.

Soit : 250 mètres sur des tirailleurs isolés et abrités ;

3 à 400 mètres sur une chaîne de tirailleurs à décou-
vert ou sur des cavaliers isolés ;

5 à 600 mètres sur des soutiens massés ;

800 mètres sur des réserves ;

1000 mètres sur des masses ou sur une batterie d'artillerie.

Applications relatives au chapitre I.

16. — *Déterminer la distance à vol d'oiseau entre* :

1° Annecy-le-Vieux et Argonnex ;

2° Metz et Épagny :

3° Brogny et Cruseilles.

17. — *Déterminer la distance réelle entre* :

1° Annecy et Chaumontel (route de Frangy) ;

2° Annecy et Thorens ;

3° Annecy et Menthonnex (en passant par Cruseilles et
Villy-le-Bouveret) ;

4° Menthon et Alex (S.-E. d'Annecy) ;

5° Dingy-Sainte-Clair et Villaz (en passant 1° par Naves,
2° par le cret Chapuis coté 1230 mètres).

18. — *Une troupe est postée à Saint-Martin au point
coté 740 mètres. Des détachements ennemis sont signalés entre les routes de Genève et de Thonon sur la ligne
de partage qui court à peu près parallèlement à ces deux
routes.*

Déterminer les points du terrain qui correspondent
aux différents tirs utiles de l'infanterie ou de l'artillerie
établies à Saint-Martin.

Nota. — Les questions précédentes devront être ré-
pétées sur la carte du pays où l'on se trouve.

CHAPITRE II

19. — *Comment sont représentés sur la carte d'État-Major au $\frac{1}{80.000}$ les différents objets que l'on rencontre dans un terrain tels que : routes, chemins, sentiers, voies ferrées, canaux, rivières, ponts, gués, vergers, prairies, marais, édifices, etc....?*

Les dessins contenus dans les planches I, II et III font connaître la manière dont sont représentés, sur la carte d'État-Major, ces différents objets.

20. — *Comment sont faites les écritures qui donnent les indications contenues dans la carte d'État-Major ?*

Les écritures de la carte au $\frac{1}{80.000}$ sont exécutées de façon que par leurs formes et leurs dimensions, elles fixent le degré d'importance des objets qu'elles désignent.

Elles sont conformes aux types adoptés par le dépôt de la Guerre et se divisent en trois classes, savoir :

1° Les capitales (droites ou penchées) ;

2° Les romaines (droites ou penchées) ;

3° Les italiques.

Observations principales. — L'épaisseur du gros trait est de 1/7 de la hauteur de l'écriture pour les capitales et les italiques et de 1/6 pour les romaines.

Les mots sont séparés entre eux par une quantité égale à la hauteur de l'écriture; ils sont écrits parallèlement au côté inférieur du cadre, sauf pour les cours d'eau et les routes.

Les villes et les bourgs sont désignés par des capitales plus ou moins grandes suivant l'importance des localités; les villages et les hameaux par des romaines; les fermes par des italiques.

EXEMPLES.

Annecy, *ville*, capitales droites.
Thorens, Cruseilles, etc., *bourgs*, capitales penchées.
Metz, Epagny, Meithet, *villages*, romaines droites.
Tessy, Novel, Gillon, *hameaux*, romaines penchées.
Sussoly, Grandis, Montagnier, *fermes*, italiques.

Ces dernières localités se trouvent dans les environs d'Annecy et au nord de cette ville.

21. — *Quelle est la première chose à faire quand on veut se servir d'une carte sur le terrain?*

Il faut tout d'abord orienter sa carte.

22. — *Qu'est-ce qu'orienter une carte?*

Orienter une carte, c'est lui faire prendre une position telle que tous les objets, que toutes les lignes qu'elle contient se trouvent dans des directions parallèles à celles de leurs homologues du terrain.

23. — *Comment oriente-t-on une carte d'État-Major?*

Pour orienter la carte d'État-Major, il suffit de se rappeler que sur cette carte, les noms des villes, villages, habitations, etc., sont écrits dans la direction (ouest-est), de façon que pour celui qui les lit, le nord est en haut, l'est à droite, le sud en bas, l'ouest à gauche.

Il n'y a donc qu'à la faire tourner jusqu'à ce que ses

côtés se trouvent dans la direction des points cardinaux correspondants.

Cette méthode d'orientation suppose la connaissance préalable des points cardinaux.

24. — *Comment au préalable détermine-t-on les points cardinaux quand l'on veut orienter la carte par ce procédé ?*

Il suffit d'en trouver un seul, car sa connaissance entraînera immédiatement celle des trois autres.

25. — *Comment trouve-t-on la direction d'un des quatre points cardinaux ?*

On la trouve :

1° *Au moyen de la boussole* (voir 36). (Pendant le jour et pendant la nuit.)

2° *Au moyen du soleil.* (Pendant le jour.)

3° *Au moyen de l'étoile polaire.* (Pendant la nuit, lorsque le temps est clair.)

4° *Au moyen des phases de la lune.* (Pendant la nuit.)

5° *Au moyen de renseignements et d'indices.* (Pendant le jour et pendant la nuit, surtout lorsque le temps est très-couvert.)

26. — I. *Soleil.* — Au printemps, en été, en automne (dans le temps compris entre les deux équinoxes), le soleil est :

A l'est,   à six heures du matin.
Au sud-est,   à neuf heures   —
Au sud,   à midi.
Au sud-ouest,   à trois heures de l'après-midi.
A l'ouest,   à six heures du soir.

Cette méthode d'orientation suppose la connaissance de l'heure qui s'obtient, soit au moyen d'une montre, soit au moyen des hauteurs correspondantes au soleil.

27. — II. *Étoile polaire.* — Quand, pendant la nuit, le ciel est sans nuages on peut trouver le nord à l'aide de l'étoile polaire, c'est-à-dire de l'étoile qui marque le pôle nord d'où elle est la plus rapprochée.

Il suffit de chercher la brillante constellation qu'on nomme la Grande Ourse ou le Chariot, et qui comprend quatre grosses étoiles disposées en rectangle et trois en

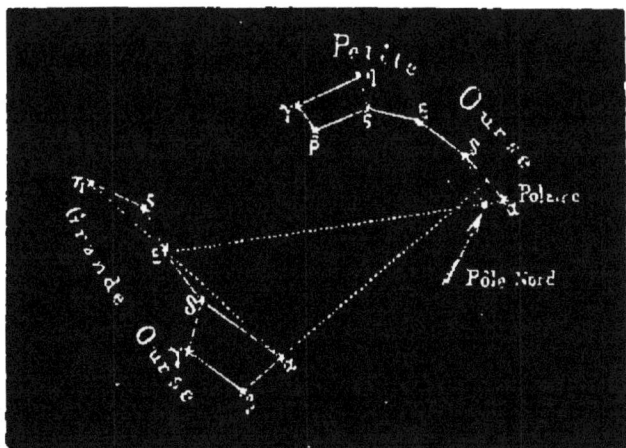

forme de queue; de prolonger dans le ciel, en imagination, la ligne passant par les deux étoiles opposées à la queue; cette ligne mène à l'étoile polaire qui elle-même est la troisième étoile de la queue d'une constellation plus petite, mais de même forme, dite Petite Ourse.

Cette étoile polaire reste presque absolument immobile dans le ciel.

28. — III. *Phases de la lune.* — Tout le monde sait:

1° Qu'au moment de la *nouvelle lune*, cette planète se lève et se couche en même temps que le soleil, et passe au méridien en même temps que lui.

2° Que pendant son *premier quartier,* elle est :

Au sud, à six heures du soir.

A l'ouest, à minuit.

2

3° Qu'au moment de la *pleine lune*, elle se trouve :

A l'est, à six heures du soir.

Au sud, à minuit.

A l'ouest, à 6 heures du matin.

4° Enfin que pendant son *dernier quartier* , elle est :

A l'est, à minuit.

Au sud, à six heures du matin.

29. — IV. *Renseignements et indices.* — On demande aux habitants du pays où le soleil se lève et où il se couche, — où se lève la lune au moment de la pleine lune, au premier ou au dernier quartier,— et, des différentes réponses, on conclut de la position des *quatre* points cardinaux en appliquant ce qui a été dit tout à l'heure.

Si on est isolé, les principaux indices qui peuvent servir à s'orienter sont les suivants:

La mousse des pierres et des arbres, qui se trouve toujours du côté du nord ou du (nord-ouest); l'écorce des arbres plus rugueuse du côté où frappe la pluie , généralement vers le nord-ouest; l'humidité des murs toujours humides et noirâtres du côté du nord ; l'axe des anciennes églises ordinairement placé dans la direction est-ouest, la porte d'entrée étant à l'ouest.

Il convient de n'accorder qu'une faible confiance à ce dernier moyen d'orientation.

30. — Les points cardinaux étant déterminés, on oriente la carte comme il a été dit au n° 23.

31. — *Mais si l'on voulait se servir de la carte pour rechercher les points cardinaux, comment ferait-on?*

On marquerait sur la carte le point où l'on se trouve. Puis on choisirait, à partir de ce point, une ligne quelconque du terrain, bien reconnaissable ; une route par exemple ; et on ferait tourner la carte jusqu'à ce que la ligne choisie soit dans la direction de celle du terrain qu'elle représente. — A ce moment, on est sûr que la carte est exactement placée comme le terrain qu'elle figure ; elle est orientée.

Les positions du nord et du sud s'obtiennent alors en suivant un des petits côtés, celles de l'ouest et de l'est en suivant un des grands côtés de la carte.

32. — REMARQUE. — On voit qu'il existe deux procédés pour orienter une carte ; le premier basé sur la connaissance des points cardinaux, le deuxième sur la connaissance du point de la carte où se trouve l'observateur.

33. — *Comment détermine-t-on exactement sur la carte le point où l'on se trouve ?*

Si ce point est un objet bien défini, un pont, une maison, un clocher, un château, etc....., le problème n'offre pas de difficultés. Mais si l'on se trouve au milieu des terres en un point quelconque que la carte ne représente pas tout particulièrement, il faut déterminer sa position par l'examen de plusieurs objets à proximité et clairement indiqués sur la carte.

Le point étant de cette façon approximativement trouvé, on en précise la position en mesurant sur le terrain la distance qui le sépare d'un point remarquable et en la reportant, réduite à l'échelle, sur la carte que l'on a entre les mains.

34. — *Orientez la carte d'Annecy par ce dernier moyen.*

Supposons que l'on soit au sud-ouest d'Annecy, entre Malaz et Château-Vieux, le dos tourné à Malaz, et en un point quelconque inconnu jusqu'à présent. — A droite on distingue le clocher de Seynod, ainsi que la nouvelle route de Chambéry, derrière soi le village de Malaz ; mais on n'aperçoit pas Château-Vieux qui est bâti sur le versant sud du mamelon coté 594.

Les points Seynod et Malaz et la nouvelle route de Chambéry considérés attentivement, comparés dans leur situation relative sur le terrain à la situation relative qu'ils occupent sur la carte, donnent une idée approximative du point où l'on se trouve. — On n'a plus qu'à rechercher dans les environs un point reconnaissable, par exemple une des deux bifurcations des chemins vicinaux reliant Malaz et Château-Vieux, à mesurer la distance qui sépare cette bifurcation de l'endroit où l'on stationne, et à reporter cette distance sur la carte à partir de ladite bifurcation.

Admettons que l'on ait dépassé de 240 mètres la première bifurcation. En portant une longueur de 0.003 sur la carte, on obtient en a le point demandé.

35. — *Ensuite que fait-on ?*

On suppose réunis par une droite le point a et le clocher de Seynod, et on fait tourner la carte jusqu'à ce que cette ligne se trouve à peu près dans la direction de son homologue du terrain, — le petit côté de la carte étant à peu près parallèle à la ligne (a—Seynod), cette deuxième opération devient très-facile.

Maintenant, la carte est exactement placée comme le terrain qu'elle figure. — Devant soi on a l'ouest, derrière l'est, à droite le nord, à gauche le sud.

36. — *Comment oriente-t-on la carte à l'aide d'une boussole ?*

On applique la boussole contre un des petits côtés de la carte, la pointe bleue en haut, et on fait mouvoir la carte jusqu'à ce que l'aiguille soit inclinée à **gauche** d'environ un cinquième d'angle droit sur le côté (N.-S.).

Cette manière d'opérer provient de ce que l'aiguille aimantée marque la direction du *Méridien magnétique* qui fait avec le *Méridien astronomique* un angle d'environ 17°9″. « Cet angle diminue de 9 minutes environ par année. »

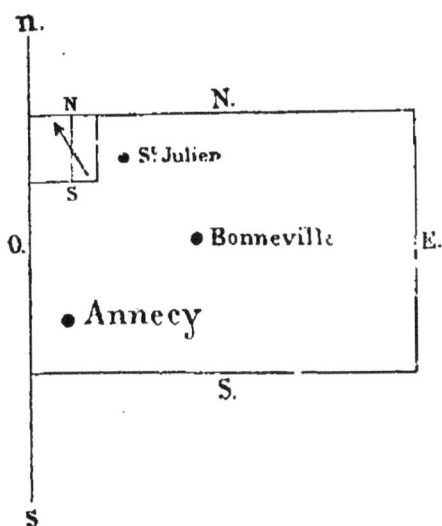

37. — *Que résulte-t-il de l'orientation d'une carte ?*

Il en résulte que les routes, chemins et sentiers, que tous les objets que l'on rencontre à droite de la direction suivie sont ceux indiqués à droite sur la carte. Il en est de même pour ceux de gauche.

38. — *Sur le terrain, comment oriente-t-on les différents objets que l'on y rencontre ?*

On les oriente en les rapportant :

1° Au point de station.

Exemple : Nous sommes à la chapelle de Gévrier ; le clocher de Cran est situé au (N.-O.) du point où nous nous trouvons.

2° A d'autres objets voisins.

Exemple : Epagny se trouve au (N.-O.) d'Annecy, mais en même temps au sud de Ferrières et à l'ouest du pont de Brogny.

3° D'une façon absolue aux points cardinaux.

Exemple : La route d'Annecy au pont de Brogny à une direction (S.-N.) ; le chemin de fer d'Aix-les-Bains a une direction (E.-O.) ; etc....

39. — *Lisez la planimétrie de la carte d'Annecy dans le quadrilatère ayant pour sommets :* Chaumontel, Argonnex, Avulliens et Sévrier.

Communications. — De la ville d'Annecy qui occupe à peu près le centre du quadrilatère, rayonnent dans toutes les directions des communications importantes. Ce sont, en partant du nord pour y revenir :

a. — La route nationale d'Annecy à Thonon passant par le pont de Brogny, d'où elle se dirige vers l'est.

b. — La route nationale de Chambéry à Genève passant également par le pont de Brogny, d'où elle se dirige vers le nord.

c. — La route départementale de Frangy, passant par Cran où elle traverse le Thiou et le Fier sur deux ponts en pierre ; puis par Meythet, Gillon, les marais d'Epagny et Chaumontel.

Cette route détache, à hauteur de Meythet, un chemin de moyenne communication qui mène à Vernoz, à Poisy et à Moiry.

d. — Le chemin de fer d'Aix-les-Bains, traversant le tunnel de Brassily, après avoir franchi le Thiou et le Fier sur deux ponts en pierre dont le dernier est à l'entrée du tunnel.

Il laisse un passage à niveau au chemin vicinal de Maclanod à Cran, par l'Herbe et Lassalle.

e. — La route départementale d'Annecy à Rumilly par les Molasses, Corbier, etc....

f. — La route nationale conduisant à Chambéry (route *b*) par Treige et Chaux.

g. — La route départementale, côtoyant la rive gauche du lac d'Annecy, et passant à Letraz, au Cret et à Sévrier.

h. — La route départementale de Thônes, par les Salomons, la ferme Barut, et Vignières.

k. — Le chemin de moyenne communication allant des Salomons à Annecy-le-Vieux.

De nombreux chemins vicinaux et sentiers relient entre elles les routes précédentes.

Les principaux sont :

1° (Entre *b* et *c*). — Le chemin de Brogny à Cran par Metz et Meithet.

2° (Entre *e* et *f*). — Le chemin de Seynod, qui partant de la route de Rumilly à hauteur du château Taillefer, traverse Seynod et va rejoindre la route de Chambéry au-dessus de Château-Vieux au point coté 578.

3° (Entre Annecy et *f*). — La vieille route de Chambéry, aujourd'hui chemin vicinal, passe à la Cesière, Sacconges, Mathonex et Chaux.

Eaux. — La partie supérieure de notre quadrilatère est coupée obliquement par le Fier, rivière encaissée et sinueuse, et qui est le cours d'eau le plus important du fragment de carte spécialement étudié.

Il coule vers l'ouest, les cotes 418 (au pont de Brogny) et 396 (sur la voie ferrée, entre Maclanod et Ronzier), l'indiquent suffisamment.

Il reçoit *à droite* le Viéran, encaissé vers son embouchure, le ruisseau d'Epagny qui vient des marais d'Epagny en passant par Gillon, le moulin et la ferme de Callière.

Il reçoit aussi un petit ruisseau qui commence à l'ouest de Poisy, et qui rejoint le chemin de fer au point coté 396 pour se jeter ensuite dans le Fier, perpendiculairement à ce cours d'eau.

A gauche il reçoit le Thiou qui sort du lac d'Annecy, et alimente les moulins d'Arrambourg, la papeterie et la fonderie de Cran.

Entre le rond point de la route de Chambéry et le cimetière d'Annecy, le Thiou s'augmente de quatre ruisseaux qui viennent : le premier de la vallée de Sainte-Catherine, le deuxième de Vieugy, le troisième des environs de Seynod et le quatrième de l'origine de la route de Rumilly.

Un deuxième affluent de gauche, le ruisseau de Levrey, a ses deux sources aux côtés opposés du mamelon de Césarde ; il se jette dans le Fier à l'ouest des Incurables, après s'être grossi du petit ruisseau de la Pérollière.

Entre le plateau de Maclanod (518) et le plateau de l'Herbe (494) coule un autre affluent de peu d'importance.

A l'ouest de Maclanod, au point où le Fier sort du cadre, ce dernier reçoit également le ruisseau de Branchy, qui a son origine à l'ouest du village du même nom.

Enfin, un cinquième affluent qui prend naissance dans l'étang de Chaux, sort du cadre au sud et à 500 mètres de la route de Rumilly. Il reçoit lui-même le ruisseau de Vargloz qui contourne le mamelon de Bessonnex, et le ruisseau des Avulliens.

Lieux habités.— Après Annecy, préfecture représentée par des capitales droites, on distingue quelques chefs-lieux de commune, dont les noms sont écrits en romaine droite, et qui du nord au sud sont : Argonnex, Epagny, Metz, Poisy, Meithet, Gévrier, Annecy-le-Vieux, Seynod, Vieugy et Sévrier.

Les autres groupes d'habitations, ou habitations isolées, indiqués par des romaines penchées ou par des italiques, sont des hameaux, des fermes ou des châteaux ainsi qu'il a été dit au n° 20.

Les clochers d'Annecy, de Cran, d'Annecy-le-Vieux, de Seynod et de Letraz sont signalés. Leur position et leurs altitudes ont été rigoureusement déterminées par des opérations de triangulation. La tour de Branchy est un point trigonométrique.

Cultures. Détail du sol. — Au nord du chemin de fer d'Aix-les-Bains, on remarque :

Bois. — La forêt de Macully, les taillis du Fier et le petit bois de Metz (rive gauche du Viéran).

Prés et prairies. — Les prairies d'Argonnex, de Tessy, de l'embouchure du Viéran, d'Epagny et de Poisy.

Vignes. — Les vignes de Novel, de Frontenex, de Brogny, de la Tour (commune de Tessy), de Macully et de Ronzier.

Jardins. — Les jardins et vergers des Salomons (est d'Annecy), les vergers de Meythet, etc.

Au sud de la voie ferrée et des escarpements du Fier on distingue :

Bois. — La forêt de Sainte-Catherine, qui recouvre les dernières pentes du Mont-Semnoz, le bois de Bessonnex, les taillis de Chez-Sassot, de la Tour de Branchy et de Maclanod.

Prés et prairies. — Les prairies du Bouchet, de Maclanod, des Molasses, de la Barral, de la Cesière, de Malaz, de Césarde, de Chez-Sassot, des bords du Grandnant, etc.

Vignes. — Les vignes de Maclanod (pentes ouest du mamelon coté 518), des Incurables, du mamelon coté 567 (nord de Césarde et de la route de Rumilly), des mamelons de Branchy, de Seynod, etc.

Jardins. — Les jardins et vergers de Chez-Brunier (au pied du crêt de Maure), etc.

40. — *Avec les renseignements que vous fournit la carte d'État-Major, transportez-vous d'Annecy à Bessonnex par Sacconges.*

On sort d'Annecy par la route qui conduit au cimetière. Arrivé à la bifurcation des chemins de Loverchy et de Rumilly, on oriente sa carte (31 et suivants).

La carte orientée, on a à sa droite et devant soi deux ponts sur le ruisseau de Sainte-Catherine, à sa gauche une maison isolée et derrière soi le cimetière d'Annecy.

On marche dans la direction de Loverchy, laissant à droite la prairie de La Barral (39) et à gauche la plaine marécageuse du Grandnant et du ruisseau de Sainte-Catherine.

On reconnaît Loverchy à ce que ce hameau se trouve bâti au pied des pentes qui s'élèvent vers Malaz et sur la rive droite du ruisseau de Seynod qu'on vient de franchir.

A environ 300 mètres de Loverchy, on rencontre à droite et à gauche deux embranchements ; l'un conduit à Malaz, l'autre à la Cesière, et à 180 mètres plus loin, deux autres embranchements qui, en rejoignant les premiers, forment une circonférence dont la direction suivie serait le diamètre.

Le chemin qui a monté depuis Loverchy jusqu'à hauteur de la Cesière se dirige à flancs de coteau vers le carrefour de Malaz qui correspond à une légère dépression du sol (voir chap. III), et qui par cela même est parfaitement reconnaissable.

On traverse le petit village de Sacconges vers le milieu duquel se détache un des chemins vicinaux du fond de la vallée de Grandnant.

Sacconges est situé sur le versant gauche d'une croupe qui monte au mamelon de Château-Vieux (voir chap. III).

A partir de Sacconges, le chemin va en ligne droite jusqu'à hauteur de Vargloz. Il descend légèrement pendant un espace de 150 mètres (jusqu'à la première bifurcation de gauche), puis remonte sur le plateau de Vieugy, en coupant obliquement la croupe qui aboutit à ce plateau.

Dans ce dernier parcours, il a détaché à droite deux

chemins conduisant l'un et l'autre à Château-Vieux.
Après avoir traversé la ligne de faîte de la dernière croupe,
il a descendu légèrement avant d'arriver au plateau. Là,
il change de direction, reste horizontal dans une étendue
de 200 mètres, pour remonter enfin sur un autre plateau
où l'on doit rencontrer la bifurcation qui conduit à Bessonnex.

Quand on a atteint cette bifurcation, on a à sa droite
le clocher de Vieugy; à sa gauche et sur la même ligne
le plateau boisé de Bessonnex où il est facile de se
rendre.

41. — Si on devait aller plus loin, on continuerait à
appliquer au sol, au fur et à mesure que l'on avancerait,
les nombreuses indications fournies par la carte.

De cette façon on peut s'avancer hardiment, sans avoir
besoin de guide, dans un pays inconnu, puisqu'avec la
carte et l'habitude de son emploi, on peut reconnaître les
moindres détails du terrain sur lequel on opère.

Applications relatives au chapitre II.

42. — Sur la carte ci-contre, montrez :
Une route nationale, une route départementale, un
chemin de grande communication, un chemin de moyenne
communication, un chemin communal, des vestiges d'an-
cienne voie romaine, un chemin encaissé et un chemin
en chaussée.

43. — Indiquez : Une voie ferrée, un tunnel, un via-
duc, un passage à niveau;
Une clôture en haie, en pierres;
Une église, une chapelle, un château, un moulin à

eau, un clocher signalé, un point trigonométrique, un point coté.

44. — Montrez : Un bois, des vignes, des prés, des vergers.

45. — Suivez avec le crayon tous les ruisseaux qui se jettent dans le Fier, depuis Brogny jusqu'à Maclanod.

46. — Suivez également le torrent la Fillière, depuis sa source jusqu'à son embouchure, et indiquez tous les passages (ponts, passerelles, etc.), qui font communiquer les deux rives de ce torrent.

47. —Lisez toute la planimétrie de la carte d'Annecy dans le quadrilatère ayant pour sommets : Pringy, Villaz, Allonzier et le Plot.

48. — Il est trois heures. Orientez la carte à l'aide du soleil (26).

49. — Il est onze heures du soir. Orientez la carte à l'aide de l'étoile polaire (27).

50. —Il est minuit. Orientez la carte à l'aide de la lune sachant qu'on est au moment de la pleine lune (28).

51. — Orientez la carte à l'aide de la boussole. « La déclinaison actuelle de l'aiguille aimantée est de 17° 9′ (36). »

52. — Vous vous trouvez dans la plaine de Metz, entre Epagny et les Rebattes. Orientez la carte en examinant le terrain, et en mettant à profit les indications que fournit cette carte.

53. — Vous êtes perdu au milieu du bois de Ferrières ; comment vous orienterez-vous ?

54. — Vous vous trouvez au petit hameau de Provin

(N.-E. d'Annecy), par un temps très-couvert. Orientez la carte.

55. — Transportez-vous de Cran à Tessy (N.-O. d'Annecy) par le chemin le plus court, et avec les seules indications fournies par la carte.

56. — Rendez-vous également de Saint-Martin à Villy-le-Pelloux par le chemin le plus court et en m'indiquant : la nature des communications, les ruisseaux, les lieux habités, toutes les cultures et détails du sol que vous rencontrerez sur votre passage.

Nota. — Tous les problèmes du chapitre II devront être répétés sur la carte du pays où l'on se trouve.

CHAPITRE III

57. — *Quand dit-on qu'un chemin est en pente?*

On dit qu'un chemin est en pente quand il n'est pas
horizontal, c'est-à-dire
quand il monte ou des-
cend.

Ainsi, la ligne Ab étant horizontale, le chemin AB est
en pente.

58. — *Comment évaluez-vous la pente d'une route?*

On dit qu'un chemin AB (figure précédente) est à la
pente de $\frac{1}{2}$, $\frac{1}{3}$, $\frac{1}{10}$, $\frac{12}{100}$, etc.... quand la verticale (direction du fil à plomb) B, b, menée par le point B de ce
chemin est la $\frac{1}{2}$, le $\frac{1}{3}$, le $\frac{1}{10}$, les $\frac{12}{100}$, etc.... de l'horizontale Ab menée par le point A.

59. — *Est-il important de connaître la pente d'un
terrain?*

Oui, très-important, afin de savoir si l'infanterie, la
cavalerie et les voitures peuvent gravir cette pente.

La limite des parties accessibles est :

Pour l'infanterie, $\frac{4}{5}$ ou $\frac{80}{100}$.

Pour la cavalerie, $\dfrac{2}{5}$ ou $^{40}/_{100}$.

Pour les mulets, $\dfrac{1}{2}$ ou $^{50}/_{100}$.

Pour les voitures, $\dfrac{1}{7}$ ou environ $^{15}/_{100}$.

60. — *Qu'appelle-t-on altitude d'un point?*

On appelle altitude d'un point, sa hauteur au-dessus de la surface des mers qu'on suppose prolongée.

Ainsi, dire que l'altitude du lac d'Annecy est 451, c'est dire que ce lac est situé à 451 mètres au-dessus du niveau de la mer.

Tous les chiffres inscrits sur la carte d'état-major expriment les altitudes des points à côté desquels ils sont placés. (Voir *Signes conventionnels.*)

Les altitudes principales ont été déterminées par des nivellements géodésiques ou par l'emploi du baromètre ; les altitudes des points secondaires ont été déduites des précédentes par des nivellements topographiques.

61. — *Qu'est-ce que la cote d'un point ?*

C'est la hauteur de ce point au-dessus d'un plan choisi arbitrairement.

Quand on veut mesurer les hauteurs relatives des divers points d'un terrain quelconque, on adopte un plan de repère, et on détermine les hauteurs de tous les points au-dessus de ce plan choisi à volonté. Ces hauteurs s'appellent les cotes du terrain.

62. — *Qu'appelle-t-on différence de niveau entre deux points ?*

C'est le nombre qui exprime la différence des altitudes ou des cotes entre ces deux points, lorsque les altitudes ou les cotes sont inégales.

63. — *Comment sont représentées sur les cartes les différences de niveau d'un terrain?*

Au moyen de courbes ou au moyen de hachures.

Sur notre carte d'État-Major, les mouvements de terrain sont représentés par des hachures ; mais on tend à leur substituer les courbes horizontales. — Déjà quelques feuilles ont été transformées ; on y remarque des courbes à la sépia, grossies de quatre en quatre (de 80 en 80 mètres d'altitude) ; des cours d'eau en bleu ; des chemins vicinaux en traits noirs assez forts ; des bois en quadrillages bistres, etc., etc....

64. — *Expliquez le système des courbes.*

Première explication. — Je suppose qu'un observateur soit placé en un point *a*, et qu'en regardant un autre

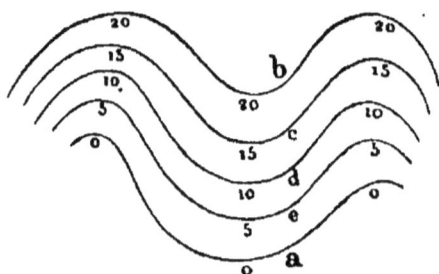

point *b*, il ait devant lui un terrain qui va en montant. — Il exprimera que le terrain va en montant, en plaçant entre *a* et *b*, un certain nombre de lignes courbes, telles que *a*, *c*, *d*, *e*, *b*. Tous les points de chacune de ces courbes devront être à la même hauteur au-dessus d'un plan horizontal de comparaison (plan de repère).

La courbe *c*, par exemple, aura tous ses points à 5 mètres au-dessus d'un plan de repère ; elle indiquera toutes les sinuosités du sol à cette hauteur ; la courbe *b* aura tous ses points à 20 mètres au-dessus du plan de repère ; elle indiquera toutes les sinuosités du sol à 20 mètres.

Ces différentes courbes s'appellent *courbes horizontales* ou *courbes de niveau.*

On s'en fait une idée très-nette en supposant le niveau

de l'eau tranquille, élevé tout d'un coup aux hauteurs 5, 10, 15, 20, et ensuite redescendu.

Les lignes c, d, e, b, sont les séparations des parties imbibées et des parties sèches ; elles indiquent bien les rentrants et les sortants du sol à ces élévations successives. Le terrain monte en tout de 20 mètres pour aller du point a au point b ; pour aller du point a à c, il monte de 5 mètres ; du point c à d, de 5 mètres ; du point d à e, de 5 mètres ; du point e à b, de 5 mètres. Ces courbes donnent donc un aperçu suffisant des pentes du terrain et de son relief.

65. — *Deuxième explication.* — Je suppose que l'on veuille représenter un terrain, ayant la forme particulière d'un pain de sucre (cône droit à base circulaire).

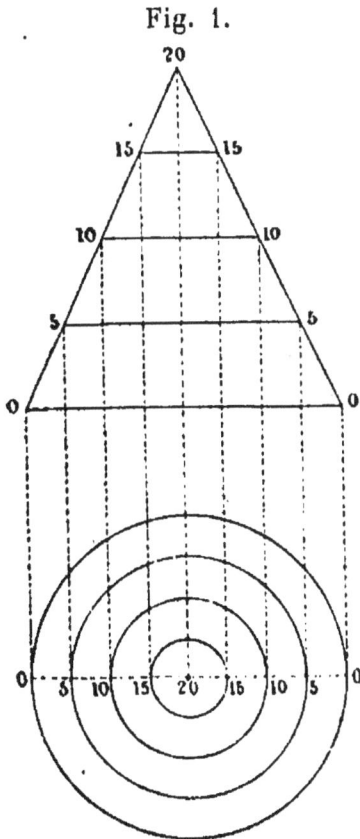

Fig. 1.

Coupons ce pain de sucre en quatre morceaux d'égale hauteur ou épaisseur. Ces morceaux ont pour bases des cercles d'autant plus petits qu'ils sont plus rapprochés du sommet.

Posons le morceau inférieur sur un plan horizontal (fig. 1) ; le contour de sa base donne la circonférence ou la courbe 0. — Enlevons ce morceau et laissons tomber le deuxième ; comme il est plus petit que le premier, il se place à l'intérieur de la courbe 0 ; le contour de sa base donne la courbe 5, concentrique à la première.

Le troisième morceau donnerait de même la courbe 10 et le quatrième la courbe 15. (Les tranches sont supposées avoir 5 mètres d'épaisseur.)

Inversement. — De pareilles courbes étant seules données, nous pouvons nous imaginer sans peine le mouvement de terrain qu'elles représentent, et par une opération en sens contraire de la précédente, reconstruire le pain de sucre tel qu'il existe dans l'espace. (Voir fig. 2.)

Fig. 2.

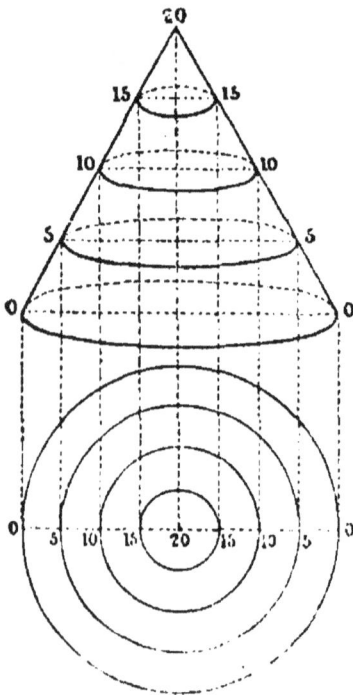

66. — *Comment nommez-vous les chiffres 0, 5, 10, etc... placés à côté des courbes ?*

On les appelle *cotes* des courbes (61). Elles indiquent la quantité dont le terrain monte d'une courbe à la suivante.

67. — *Dans un mouvement de terrain, place-t-on toujours les courbes aux points qui vont en montant de 5 en 5 mètres, comme dans l'exemple donné ci-dessus?*

Non, on n'agit ainsi que pour une carte faite à l'échelle d $\frac{1}{10.000}$. — Dans un plan au $\frac{1}{20.000}$ on les place de 10 mètres en 10 mètres; — au $\frac{1}{40.000}$ de 20 mètres en 20 mètres, etc..... En règle générale, la distance entre deux courbes successives est égale au *chiffre des mille* du dénominateur de l'échelle divisé par 2.

Cette distance entre deux courbes qui se suivent et

qui et la même entre toutes les courbes d'un plan exécuté à une échelle déterminée, s'appelle *équidistance naturelle*. (Dans l'exemple du n° 65, l'équidistance naturelle est la distance verticale de 5 mètres qui représente l'épaisseur de chacun des morceaux du pain de sucre.)

68. — *Déterminez les équidistances naturelles correspondantes aux diverses échelles en usage.*

Conformément à la règle énoncée au n° 67, cette équidistance est de :

0 m. 50 au $\dfrac{1}{1.000}$;

1 m. au $\dfrac{1}{2.000}$

2 m. 50 au $\dfrac{1}{5.000}$;

5 m. au $\dfrac{1}{10.000}$;

10 m. au $\dfrac{1}{20.000}$;

20 m. au $\dfrac{1}{40.000}$;

Exception. — Au dépôt de la Guerre, on a admis 20 mètres comme chiffre de l'équidistance naturelle de la carte d'État-Major au $\dfrac{1}{80.000}$.

69. — *Existe-t-il un rapport entre l'écartement dess courbes et la pente du terrain que ces courbes représentent ?*

Oui, l'écartement des courbes est en *raison inverse de la rapidité des pentes*, c'est-à-dire que plus les courbes sont écartées plus les pentes sont faibles, et que plus les courbes sont rapprochées, plus les pentes sont fortes.

Cette propriété résulte de l'emploi de l'équidistance naturelle—la figure ci-contre la démontre clairement sans qu'il soit besoin d'autres explications. — On voit que la pente B C étant plus rapide que B A, l'écartement *b c* est plus petit que l'écartement *a b*.— La pente C D étant très-

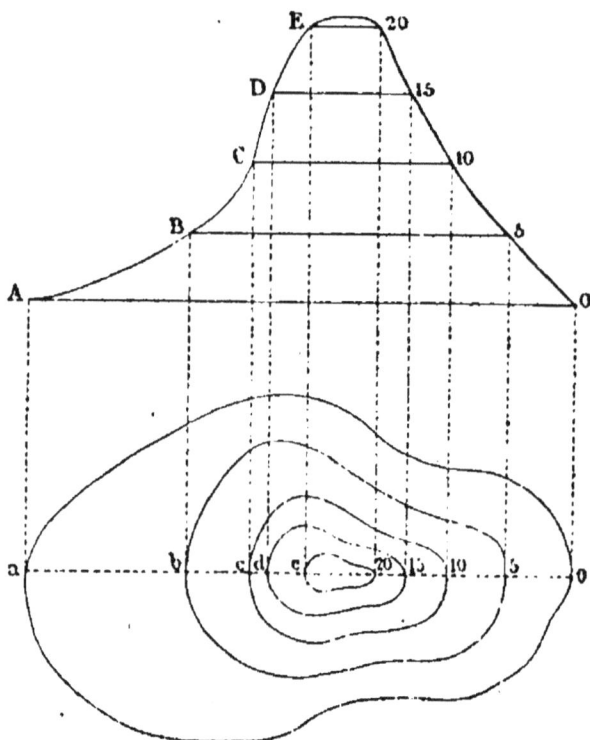

forte, *c d* est très-petit ; les courbes *c* et *d*, ou 10 et 15 sont très-rapprochées. — On voit donc qu'ainsi qu'il a été dit au n° 64 la représentation du terrain par des courbes horizontales permet d'en apprécier les pentes et de se faire une idée très-exacte de son relief.

70. — *Qu'appelez-vous équidistance graphique ?*

J'appelle *équidistance graphique*, l'équidistance naturelle réduite à l'échelle de la carte, c'est-à-dire divisée par le dénominateur de cette échelle.

Cette équidistance est *constante*, elle est égale à 0 m. 0005, pour toutes les cartes exécutées à n'importe quelle échelle.

71. — *Exception*. — Sur les cartes qui représentent un terrain très-accidenté on la prend cependant égale 0 m.001 et sur celles qui figurent un sol peu ondulé elle est de 0 m. 00025.

C'est cette dernière équidistance graphique qui est adoptée au dépôt de la Guerre pour la carte de France au

$$\frac{1}{80.000}.$$

72.—*Expliquez-moi pourquoi on a adopté une équidistance graphique constante.*

Voici pourquoi : Supposons que deux cartes, l'une au $\frac{1}{10.000}$, l'autre au $\frac{1}{20.000}$, représentent toutes deux un même terrain, par exemple une route en ligne droite et montant de 20 mètres du point de départ au point d'arrivée.

Supposons également que la pente de cette route soit figurée par des courbes horizontales ayant une même équidistance dans les deux plans ; 5 mètres par exemple.

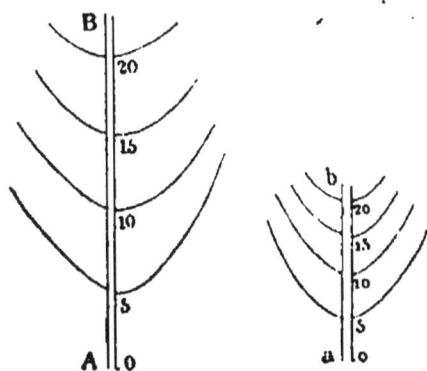

Comme on le voit, les courbes de la carte au $\frac{1}{20.000}$ sont deux fois plus rapprochées que celles de la carte au

$\frac{1}{10.000}$. **Par suite de l'explication donnée au nº 69, la**

pente semble deux fois plus forte sur le plan au $\frac{1}{20.000}$

que sur l'autre. Et pourtant c'est la même route ; il serait donc naturel qu'elle paraisse la même sur les deux cartes.

C'est pour arriver à ce dernier résultat qu'on a adopté une équidistance graphique constamment égale à 0 m. 0005.

Cette convention admise, il résulte, de la définition même de l'équidistance graphique, que si au $\frac{1}{10.000}$ l'équidistance naturelle entre les courbes est bien de :

$$\frac{1}{10.000} \times 0\ m.\ 0005 = 5\ \text{mètres},$$

au $\frac{1}{20.000}$, elle se trouve être de :

$$\frac{1}{20.000} \times 0\ m.\ 0005 = 10\ \text{mètres}.$$

D'après cela, la pente de la route $a\,b$ au $\frac{1}{20.000}$ sera figurée par deux courbes seulement 10 et 20 et ces courbes seront aussi espacées que celles de A B à l'échelle du $\frac{1}{10.000}$ (fig. 1).

L'adoption d'une équidistance graphique constante, pour toutes les cartes à toutes les échelles, donne donc lieu à la règle suivante :

Sur des cartes d'échelles différentes des courbes également écartées représentent des pentes égales et *réci-proquement*.

73. — *Remarque* I. **—** On voit que les variations de l'équidistance naturelle avec l'échelle d'une carte (68)

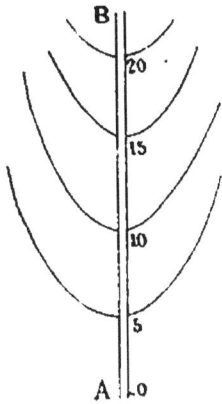

Fig. 1.

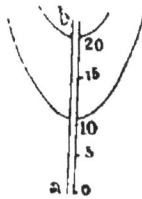

sont les conséquences for- cées de l'emploi d'une équi- distance graphique cons- tante.

74. — *Remarque* II. **—** Les cotes des courbes sont toujours des multiples de l'équidistance déterminée par l'échelle de la carte.

75. — *Remarque* III. **—** Ainsi qu'il a été dit au n° 63, sur la carte d'État-Major par courbes ces dernières sont grossies de 4 en 4, ce qui donne lieu aux courbes maîtresses, dont l'équidistance est de 80 mètres (0 m. 001 d'équidistance graphique).

Les autres courbes, dites courbes intercalaires, ont une équidistance de 20 mètres (68 et 71) — (0 m. 00025 d'équidistance graphique).

A partir du niveau de la mer, les courbes maîtresses sont donc : 80. 160. 240. 320. 400. 480. . . . .
. . . . . . 1600. 1680. 1760. 1840. 1920. 2000.
2080. . . . . etc., etc., et les courbes intercalaires :

20. 40. 60. — 100. 120. 140. — 180. 200. 220. — 260.
280. 300. — 340. 360. 380. — 420. 440. 460. . . .

. . . .
1620. 1640. 1660. — 1700. 1720. 1740.
1780. 1800. 1820. — 1860. 1880. 1900.
1940. 1960. 1980. — 2020. 2040. 2060.

etc., etc. . . . .

76. — NOTA. — Dans les hautes montagnes, lorsque les pentes deviennent très-rapides, l'équidistance entre les courbes intercalaires est de 40 mètres (0.0005 d'équidistance graphique); celle entre les courbes maîtresses reste toujours la même.

77. — *En quoi consiste le système des hachures ?*

Il consiste à remplacer les courbes horizontales par des lignes de plus grande pente, faisant mieux ressortir le relief du terrain.

78. — *Comment sont tracées les hachures ?*

Elles sont perpendiculaires aux courbes horizontales et écartées du quart de leur longueur.

79. — *Comment les hachures tracées comme il vient d'être dit expriment-elles le relief du sol ?*

La longueur des hachures variant avec l'écartement des courbes il s'ensuit :

1° Qu'elles seront d'autant plus petites et par conséquent d'autant plus rapprochées que l'intervalle entre les courbes est lui-même plus petit, c'est-à-dire que les pentes sont plus raides ;

2° Qu'elles seront d'autant plus grandes et par conséquent d'autant plus écartées que l'intervalle entre les courbes est lui-même plus grand, c'est-à-dire que les pentes sont plus faibles.

Elles indiquent donc le plus ou moins de raideur des pentes en raison de leur rapprochement ou de leur écartement.

Des hachures rapprochées, produisant sur la carte des teintes noires et intenses, figurent des pentes rapides ; des hachures écartées, produisant sur la carte des teintes pâles, figurent des pentes douces.

80. — *Quels sont les différents mouvements de terrain*

que l'on rencontre dans la nature et par suite figurés sur la carte d'État-Major et sur les autres cartes topographiques?

On en rencontre quatre principaux auxquels peuvent se rattacher tous les autres. — Ce sont : 1° le mamelon ; 2° la croupe ; 3° la vallée ; 4° le col.

81. — *Qu'appelez-vous mamelon?*

J'appelle mamelon une hauteur isolée en forme de pain de sucre (n° 69).

82. — *Comment reconnaîtrez-vous un mamelon sur les cartes en courbes et sur les cartes en hachures?*

Sur les cartes en courbes le mamelon est représenté par une série de courbes fermées dont les cotes vont en

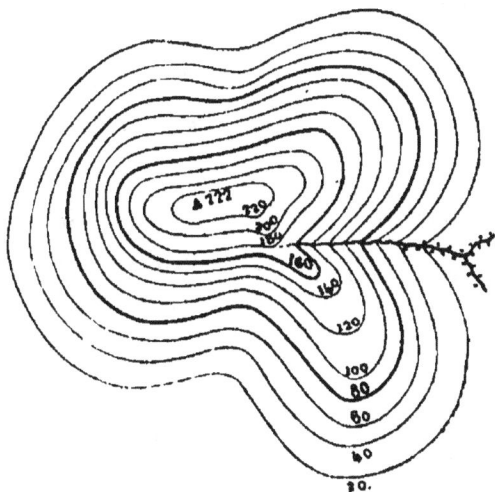

augmentant de l'extérieur à l'intérieur. Ces courbes indiquent les sinuosités du terrain ; elles sont rentrantes là où le sol a une forme concave ; elles sont sortantes là où le sol a une forme convexe.

Sur la carte par hachures, celles qui indiquent un mamelon rayonnent autour d'un centre commun, qu'elles laissent en blanc.

Les hachures qui limitent les pentes du mamelon à leur partie inférieure ainsi qu'à leur partie supérieure sont effilées et se perdent insensiblement dans le blanc du papier.

EXEMPLES. — Le mamelon de Césarde et le mamelon coté 567 (carte d'Annecy, S.-O. de cette ville, à droite et à gauche de la route départementale de Rumilly); — le mamelon de Brasilly (500), sous lequel passe le tunnel du chemin de fer d'Aix-les-Bains; — les mamelons de Poisy et de Macully (au N.-O. d'Annecy et à l'ouest de la route départementale de Frangy, etc. . .

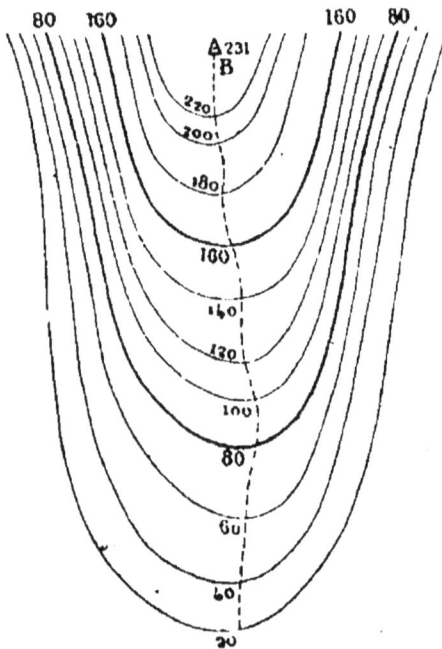

83. — Qu'est-ce qu'une croupe? et comment la reconnaît-on sur les cartes?

Une croupe est un mouvement de terrain qui se détache du sol, et se termine par une surface convexe, dont la convexité est tournée vers l'observateur.

Un observateur placé en A par exemple et regardant le point B a devant lui un terrain qui va en montant et qui a une forme arrondie à droite et à gauche. La courbe A cotée 20 mètres est la moins élevée de ce mouvement de terrain, et la courbe B cotée 220 est la plus élevée. Les courbes 80 et 160 très-fortes sont des courbes maîtresses.

La ligne AB s'appelle ligne de partage des eaux ou ligne de faîte; elle divise le mouvement de terrain en deux parties qu'on appelle les versants de la croupe.

Sur la carte d'État-Major comme sur toutes les autres cartes par hachures, on reconnaît la croupe à ce que les hachures qui la représentent sont plus écartées à leur partie inférieure qu'à leur partie supérieure.

Exemples. — La croupe qui s'élève du moulin de Callière au premier mamelon de Macully (carte d'Annecy, N.-O. d'Annecy, ouest de Gillon); — la croupe du mamelon de Sainte-Catherine, sur les dernières pentes de laquelle est bâti le hameau de Vovray (sud d'Annecy); — la croupe qui joint le village de Villaz (N.-E. d'Annecy) aux maisons Escoffier, etc., etc. . . . .

. . . .

84. — *Qu'est-ce qu'une vallée?*

On nomme vallée, la surface concave formée par *deux flancs* qui se rejoignent, suivant une direction appelée thalweg. — En d'autres termes, c'est une dépression graduelle de terrain qui se trouve entre deux hauteurs.

85. — *Comment est-elle représentée sur les cartes par courbes?*

Elle est représentée par des courbes qui tournent leur concavité vers le point le plus bas. (Voir figure ci-après.)

Les flancs d'une vallée se raccordent ordinairement suivant une surface arrondie; quand il n'en est pas ainsi, quand ils se rejoignent à angle très-aigu, les vallées sont en général profondes et elles prennent le nom de ravins.

86. — *Comment reconnaît-on les vallées et les ravins sur la carte d'État-Major au $\frac{1}{80.000}$?*

On les reconnaît à ce que les hachures qui les représentent sont plus rapprochées à leur partie inférieure
qu'à leur partie supérieure.

Très-souvent, un ruisseau en noir, sur les bords duquel les hachures s'arrêtent en s'effilant, marque la di-

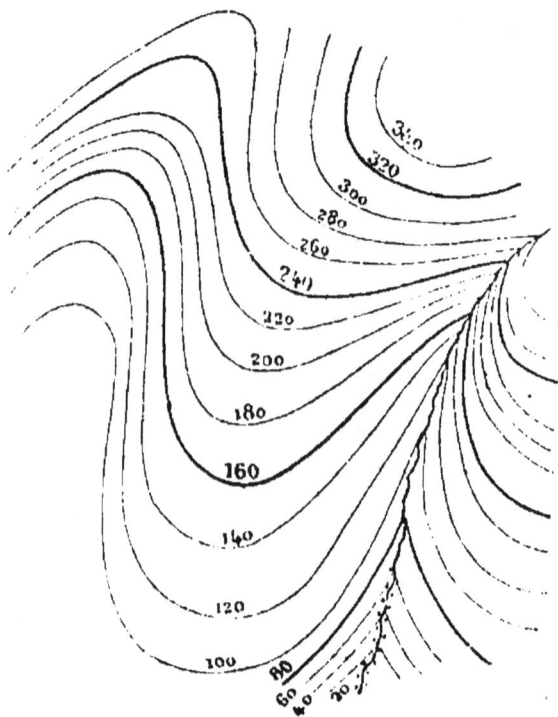

rection de la vallée; d'autres fois le thalweg est indiqué
par un petit liseré blanc; enfin lorsque c'est un ravin
aux berges escarpées, les escarpements et les arrache-
ments sont figurés par des hachures irrégulières, très-
fines, très-rapprochées, et tracées dans le sens des rochers
qu'elles imitent et représentent.

Exemples. — La petite vallée qui court entre les mamelons de Poisy et de Macully en se dirigeant vers le
chemin de grande communication qui passe à Vernoz;
la vallée des moulins de Menthon, suivie par le ruisseau
le Bioson (S.-E. d'Annecy, rive droite du lac); la petite

dépression située entre les monts Sacconges et Château-Vieux, et qui est indiquée par un liseré blanc très-étroit (S.-O. d'Annecy); la petite excavation que l'on rencontre au sortir du tunnel de Brassilly, à l'ouest du mamelon 500, et qui elle aussi est bien indiquée par un petit liseré blanc ; la vallée aux flancs très-rapides de Sainte-Catherine, entre la croupe de Vovray et l'éperon nord du Mont-Semnoz ; le ravin suivi par le ruisseau les Usses, depuis le point coté 535 (E. du pont de la Caille) jusqu'à sa sortie du cadre entre Rassier et La Vellaz ; le lit du Fier, etc., etc.

87. — *Qu'appelez-vous col?*

Le col est l'origine de deux pentes montantes et de deux pentes descendantes ; de deux croupes ou mamelons et de deux vallées. C'est le point où la crête d'une hauteur s'abaisse pour livrer le passage d'un versant à l'autre.

88. — *Comment un col est-il représenté sur les cartes en courbes et sur les cartes en hachures?*

Sa représentation en courbes est naturellement celle de deux vallées et de deux croupes (87, 85 et 83). Un observateur partant du point A ira en montant dans une vallée jusqu'au point B. La portion de terrain BC qu'il traverse ensuite est à peu près horizontale ; c'est le col proprement dit.

Pendant que l'observateur chemine dans le col, il a à sa droite un mamelon D qui domine le col de 118 mètres et à sa gauche une croupe E qui domine le col de 136 mètres. Arrivé au point C, l'observateur descend alors dans une autre vallée CF dirigée en sens inverse de la première AB. On voit que le col est limité par quatre courbes dont les convexités sont opposées deux à deux.

Le col s'appelle gorge ou défilé lorsqu'il est profondément encaissé entre les deux hauteurs voisines ; il prend aussi le nom de cluse lorsqu'il correspond à une pro-

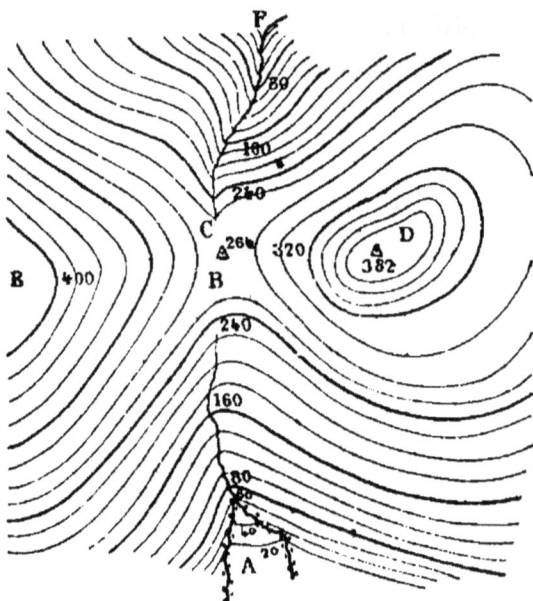

fonde dépression, coupant perpendiculairement une chaîne de hauteurs.

89. — *Comment reconnaîtrez-vous un col sur la carte en hachures ?*

Les hachures qui représentent un col se terminent effilées, aux quatre courbes qui le limitent, de sorte qu'elles laissent toujours en blanc un quadrilatère d'autant plus grand, que le col lui-même a plus d'étendue.

Exemples. — Au sud-ouest d'Annecy, entre le mamelon 567 dont il a déjà été question, et le mamelon de Rody, la route départementale de Rumilly traverse un petit col ; le col coté 782, à l'est de Cruseilles ; le col ou défilé de Bluffy, qui a son origine au point coté 634 entre la vallée du Bioson (rive droite du lac d'Annecy) et la vallée de Langogne (rive gauche du Fier); le point coté 633, sur la route d'Annecy à Genève, au sud d'Allonzier ; il se trouve sur la ligne de séparation des eaux du Fier et de celles du torrent les Usses ; le point 676, à l'ouest du précédent, entre le Crêt à la Dame ou le point trigonométrique 889, et la montagne de la Balme, etc.

. . . .

89 *bis*. — *Nota*. — Pour évaluer la pente entre deux points sur la carte d'état-major en hachures, on mesure la distance horizontale entre les deux points considérés (7 et suivants). On calcule ensuite leur différence de niveau en comptant le nombre des rangs de hachures qui les séparent et en le multipliant par 20 mètres (équidistance de la carte). On divise enfin cette différence de niveau par la distance obtenue et le résultat donne la pente cherchée (58).

Exemple. — La pente du rond-point d'Annecy au plateau des Molasses est de $\dfrac{40}{800}$ ou $\dfrac{1}{20}$, car :

1° La distance qui relie le rond-point au plateau est de 800 mètres ;

2° La différence de niveau entre les deux mêmes points est de 40 mètres. Elle est représentée par deux rangs de hachures.

Avec un peu d'habitude on arrive vite à évaluer les pentes à simple vue. Il suffit de bien se rappeler ce qui a été dit au n° 4, que à l'échelle du $\dfrac{1}{80.000}$:

0.001 de la carte représente 80 mètres du terrain,
0.01   —   800

Il faut aussi se rappeler que chaque rang de hachures indique une différence de niveau de 20 mètres.

90. — *Rendez-vous d'Annecy à Poisy par Cran et Vernoz.*

Dans ce parcours, vous indiquerez les mouvements de terrain que traverse le chemin que vous aurez pris, ainsi que ceux qu'il laisse à sa droite et à sa gauche. Vous rendrez également compte des pentes du terrain, et ses degrés d'accessibilité.

Un simple coup d'œil sur la carte nous montre que pour suivre l'itinéraire indiqué dans la question, il faut prendre la route départementale de Frangy depuis Annecy jusqu'à la bifurcation de Meythet, puis s'engager dans le chemin de moyenne communication (n° 39, page 24), qui mène à Poisy.

Au sortir d'Annecy, la route de Frangy longe le côté ouest de la plaine des Fins, en restant horizontale jusqu'à la papeterie de Cran.

A sa droite s'étend un vaste terrain très-uni, sillonné par de nombreux chemins vicinaux ; à sa gauche s'élève la hauteur de Gevrier qui, à portée de projectile, la domine de 50 mètres environ.

De la bifurcation qui correspond à la papeterie de Cran on descend de 25 à 30 mètres pour arriver au Fier. C'est ce qu'indiquent : la cote 448 du pont du chemin de fer, et la cote 418 du pont de Brogny. (La cote 448 est approximativement celle de la plaine ; la cote 418 est à 4 ou 5 mètres près, celle du pont de Cran.) La distance entre la papeterie et le pont de Cran étant de 200 mètres, la pente de la route dans ce dernier parcours est donc de $\dfrac{25}{200}$ ou 12 ½ pour 100.

Après avoir dépassé Cran, la route remonte dans la plaine de Meythet par une pente à peu près semblable à la précédente.

On s'engage ensuite dans le chemin de moyenne

communication qui passe au village même de Poisy.

Ce chemin traverse presque à plat le ruisseau d'Epagny, puis remonte à Vernoz en suivant tantôt la gauche, tantôt la droite d'un petit thalweg à pentes douces. $\left(\dfrac{30}{500}\right.$ ou 6 pour 100. En effet, la bifurcation de Macully, origine de la pente, a sensiblement même cote que la plaine de Meythet 460 à 465, et sa distance, au point 495, a un développement de 500 mètres.)

On dépasse Vernoz et on atteint le carrefour de Monod-Macully. Ce carrefour se trouve juste à l'origine d'un petit col. A droite et à gauche, on remarque les mamelons de Poisy et de Monod dominant le col, le premier de 40 à 50 mètres, le deuxième de 20 mètres seulement ; en arrière, la descente de Vernoz ; en avant, une légère dépression de terrain s'inclinant vers les premières maisons de Poisy.

De ces premières maisons qui sont bâties en contre-bas du col ou du carrefour, on arrive à Poisy en gravissant le mamelon 523 sur le versant occidental duquel le village est situé.

91. — *Comment déchiffre-t-on une carte, c'est-à-dire comment se fait-on une idée complète du terrain qu'elle représente ?*

On recherche d'abord le cours d'eau principal de cette carte et on le remonte jusqu'à sa source ou jusqu'à sa sortie du cadre d'étude. On remonte aussi ses affluents, jusqu'à leur source, et on arrive ainsi aux sommets des hauteurs qui séparent ces derniers affluents de ceux des cours d'eau voisins.

La ligne qui joint ces sommets, en laissant à sa droite et à sa gauche tous les ruisseaux, toutes les rigoles, toutes les plus petites dépressions, tributaires des thalwegs principaux qu'elle sépare, se nomme *ligne de faîte principale.*

Et on appelle *lignes de faîtes secondaires* celles qui se détachant des premières courent entre les affluents des vallées principales.

C'est la recherche de toutes ces lignes de faîtes principales et secondaires qui permet de se faire une première idée des formes du terrain.

92. — *Déchiffrez la carte d'Annecy entre la route de Chambéry et les dernières pentes du Semnoz..*

Le cours d'eau le plus important de la portion de terrain à déchiffrer est le Grand Nant qui prend sa source au sud de Vieugy, à environ 500 mètres du hameau les Chênes.

Depuis sa source jusqu'à son confluent, il passe aux altitudes 560, au-dessous de Vieugy ; 466 ou 465 entre la Cesière et Vovray ; 456 ou 455 un peu en amont de la Barral, et 450 à son confluent avec le Fier.

A droite et à gauche le terrain s'élève jusqu'aux lignes de faîte principales qui séparent ce thalweg et ses affluents des eaux du lac d'Annecy, et de celles du Fier.

1° La ligne de faîte principale entre la vallée du Grand-Nant et celle du lac d'Annecy, part du château d'Annecy, passe au Crêt du Maure, aux points cotés 674 et 751, monte aux Puisots, en longeant le bord des pentes escarpées qui descendent vers Vovray et le vallon de Sainte-Catherine.

A hauteur des Puisots, elle s'infléchit pour gravir suivant la direction (N.-S.) la croupe boisée qu'indiquent les altitudes 930, 983 et 1116.

2° La ligne de faîte qui sépare le Grand-Nant du Fier, commence au passage à niveau de Cran, atteint le mamelon de Gévrier 526, traverse le plateau des Molasses, le mamelon de Taillefer 534, et le col de Gouville ; passe ensuite au clocher de Seynod, au col 578 de la route de Chambéry, remonte à Château-Vieux 594, puis au mamelon de Blos 614 ; elle se confond enfin avec la croupe des Vernettes et de Quintal où elle rencontre les altitudes 636 et 758.

Ces lignes de faîte principales ont été obtenues ainsi qu'il a été dit au n° précédent en remontant jusqu'à leur source les affluents du thalweg le plus considérable.

Ces affluents, cours d'eau ou simples dépressions latérales, ont été facilement reconnus en mettant à profit les indications du n° 86.

Les altitudes de ces lignes de faîte, de 674 à 1116 pour la première et de 526 à 758 pour la deuxième, nous montrent que le terrain dans son ensemble s'incline vers le nord.

De plus, l'opération précédente nous a forcé de reconnaître tous les mouvements de terrain si petits qu'ils soient, de la portion de carte étudiée, et de nous rendre compte du degré d'accessibilité de leurs pentes (58 — 81 à 90).

93. — *Suffit-il d'avoir une idée de l'ensemble du terrain que représente une carte géographique ?*

Non, il faut encore pouvoir se figurer aussi exactement que possible les moindres détails du sol ; il faut, à l'inspection de la carte, reconnaître toutes les sinuosités du terrain que l'on parcourrait en se rendant à pied d'un point quelconque d'une carte à tous les autres points de la même carte.

94. — *Comment atteindrez-vous ce but ?*

En construisant des profils.

95. — *Qu'appelez-vous profils ?*

J'appelle profil la ligne plus ou moins sinueuse qui résulte de la section faite dans un terrain par un plan vertical.

96. — *Représentez par quelques courbes un terrain accidenté et construisez un profil.*

Soit un terrain représenté par les courbes ci-dessous, cotées 25, 30, 35, 40, 45, 50 et 55. Supposons une coupe faite dans ce terrain suivant A B, et cherchons la ligne suivant laquelle le plan rencontre le sol.

En d'autres termes, cherchons à figurer par une cons-

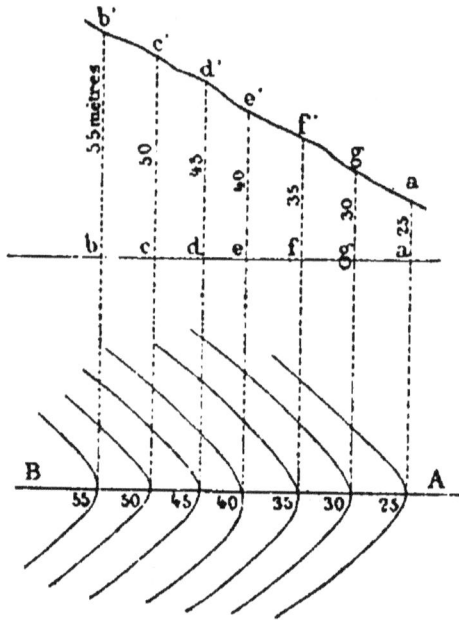

truction géométrique la pente qui existe entre les points A et B.

La ligne AB ou *ab* est la projection horizontale de celle que nous voulons déterminer.

Les points *b, c, d, e, f, g, a,* sont les projections des points de l'espace *b', c', d', e' f', g', a',* lesquels ont pour cotes 55, 50, 45, 40, 35, 30, 25 mètres. Pour obtenir la position réelle de ces derniers, il suffit donc de porter sur des perpendiculaires élevées en *b*, *c*, *d*, etc.... des longueurs respectivement égales à 55, 50, 45, etc.... réduites à l'échelle du plan et de joindre par un trait continu les extrémités de ces perpendiculaires.

97. — *Les profils ne servent-ils qu'à indiquer en détail les sinuosités du terrain d'un point quelconque d'observation pris sur une carte, à un autre point quelconque de la même carte ?*

Les profils servent encore et surtout à indiquer si d'un

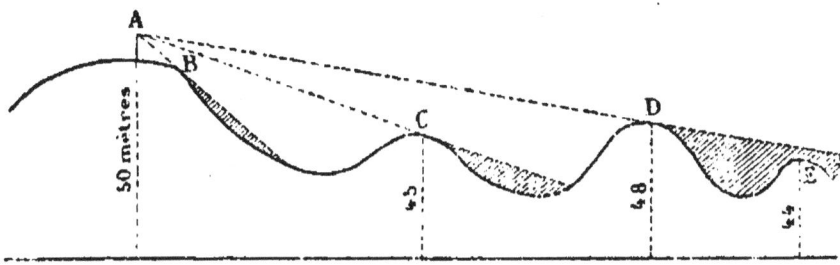

point déterminé d'une carte, on aperçoit d'autres points également déterminés de la même carte.

Par exemple, d'un point A cote 50 on apercevra les sommets C (45) et D (48), mais on n'apercevra pas le sommet E qui a pour cote 44 et qui est caché par la hauteur D.

Ce seul exemple nous montre que pour qu'on puisse se rendre compte des parties vues d'un certain point, il faut mener, par ce point, des tangentes AB, AC, AD, etc., à la courbe de profil.

Les points de tangence séparent les parties vues des parties cachées. Les hachures de la figure ci-dessus indiquent les parties du terrain que l'observateur ne peut pas apercevoir.

98. — *Exemple* : De la tour de Branchy 601, on aperçoit fort bien le mamelon de Maclanod 518 et le château d'Annecy cote 470, mais on n'aperçoit pas le petit mamelon de Treige, masqué par celui de Césy cote 598, etc.

99. — *Quel est le meilleur moyen pour arriver vite à lire une carte topographique ?*

Si vous voulez arriver vite à lire couramment une carte topographique, faites d'abord plusieurs profils dans votre cabinet ; puis vérifiez-en l'exactitude sur le terrain même, pendant les marches ou dans vos moments de loisir. — Et lorsque vous commencez à vous faire une idée des formes du sol, considérées isolément et dans leur ensemble, exécutez sur la carte chacune des petites opérations de la guerre : conduite de convois, placement de grand' gardes, de petits postes, etc., en vous conformant aux prescriptions du service en campagne.

Un excellent moyen pour arriver vite à déchiffrer la carte, c'est encore de l'amplifier et de tracer les courbes horizontales correspondantes aux divers rangs de hachures. Dans cette opération on tient compte, bien entendu, de l'*équidistance* qui se rapporte à la nouvelle échelle. On se transporte ensuite sur le terrain pour vérifier son travail. C'est le meilleur moyen que je connaisse pour identifier rapidement la carte avec le terrain qu'elle représente.

100. — *Importance de l'étude de la carte et du terrain.* — La connaissance du terrain est utile à tout le monde : au touriste, à l'industriel, à l'ingénieur, au commerçant. — Elle est surtout très-nécessaire aux officiers et sous-officiers de notre armée, car elle est le complément indispensable de l'instruction militaire, **dans tous les échelons de la hiérarchie.**

Un simple caporal est-il appelé à conduire un poste de

quatre hommes sur un point indiqué, il choisira pour s'y rendre la meilleure direction, il préférera un chemin encaissé qui le garantira de la vue de l'ennemi ; il se faufilera derrière une haie, un pli de terrain ou tout autre obstacle ; enfin la connaissance plus exacte des lieux le dirigera d'autant mieux dans les précautions à prendre.

Les formes et les accidents que présente le sol varient en raison de l'étendue et augmentent progressivement d'intérêt. Ainsi le sergent avec sa demi-section, le lieutenant et le sous-lieutenant avec leurs pelotons, le capitaine avec sa compagnie, etc..... auront un avantage réel pour donner leurs ordres ou exécuter ceux qu'ils auront reçus, s'ils possèdent les connaissances et l'aptitude nécessaires pour juger le théâtre des opérations.

Applications relatives au chapitre III.

101. — La différence de hauteur entre le point de départ et le point d'arrivée d'une route est de 64 mètres. La longueur horizontale de la route entre les mêmes points est de 1.200 mètres. Quelle est sa pente exprimée en centièmes ?

102. — Quelle est la pente, également exprimée en centièmes, de la route de Genève entre le pont de Brogny et la bifurcation de Metz ?

103. — Quelle est la pente moyenne de la route de Chambéry à Genève, depuis le rond-point situé à l'ouest d'Annecy jusqu'au chemin communal de Seynod ?

104. — Les premières pentes situées à l'ouest d'Epagny sont-elles accessibles à la cavalerie, aux voitures, aux mulets, etc.?

105. — Des fantassins pourraient-ils monter directement du village Le Creux (est d'Annecy, route de Thônes), au signal 1290, situé sur la montagne de Veyrier?

106. — Montrez un à un tous les mamelons situés entre la route de Frangy et le Fier, en indiquant les pentes approximatives de chacun d'eux.

107.—Indiquez toutes les croupes et les vallées que l'on rencontre sur la rive gauche de la Fillière entre ce cours d'eau et la montagne du Parmelan.

108. — Recherchez tous les cols qui se trouvent entre les routes de Genève et de Bonneville, depuis le pont de Brogny jusqu'à Grasy.

109. — Sur quel mouvement de terrain se trouvent bâtis les villages de Seynod, Césarde, Césy, les Vernettes, Avulliens (sud d'Annecy) et les Ollières, Chez Largollet, Villaz, Villy-le-Pelloux (nord d'Annecy.)

110. — Suivez la route de Genève depuis le pont de Brogny jusqu'au pont de la Caille en indiquant les mouvements de terrain qu'elle traverse et ceux qu'elle laisse à sa droite et à sa gauche. Vous rendrez également compte des pentes du terrain et de leurs différents degrés d'accessibilité.

111. — Recherchez la ligne de faîte principale entre les eaux du Fier et celles du torrent les Usses qui traverse la route de Genève, entre Cruzeilles et Allonzier.

112. — Suivez les lignes de faîtes secondaires entre le Viéran et la Fillière, et entre la Fillière et le Haut Fier.

113. — Déchiffrez entièrement la carte d'Annecy entre

les routes de Thônes et de Bonneville et la montagne du Parmelan.

114. — Sur le tableau, reproduisez un mamelon et un col par quelques courbes horizontales. Construisez deux profils perpendiculaires entre eux et se coupant au sommet du col.

115. — Du mamelon de Saint-Martin cote 740, apercevez-vous : Villaz, Naves, le défilé de Dingy-Saint-Clair, le défilé de Chaumontel, le plateau de Gévrier, le clocher de Poisy..... etc......

NOTA. — Tous ces problèmes devront être répétés sur la carte du pays où l'on se trouve.

COMMUNICATIONS.

Routes.

Route nationale

Route départementale

Route
encaissée   en Chaussée

Chemin de grande Communication

Chemin de moyenne Communication

Chemin Communal

Sentier

Vestiges d'ancienne Voie

Chemins de fer.

Gare   Station

ou encore

Déblai   Remblai

Tunnel   Viaduc   Ponceau

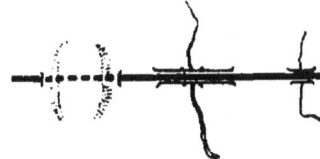

Passage
en dessus   en dessous   à niveau

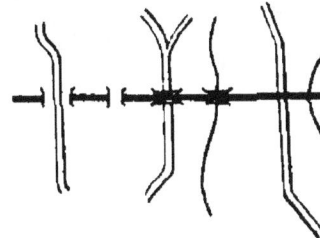

RIVIÈRES, CANAUX et RUISSEAUX.

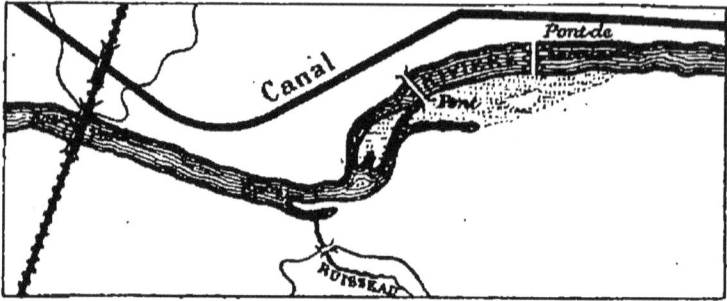

Fosse   Canal d'irrigation.

LIEUX HABITÉS.

Église	○	Forge, Usine	☼
Chapelle ou Hermitage	♁	Télégraphe	/
Calvaire	♃	Ruines	⬚
Croix	☩	Point trigonométrique	△ 952
Ferme	▱	Clocher servant de point trigonométrique	☉ 259
Château, Manoir	▰		
Maison isolée	▬	Point coté	○ 592
Moulin-à-vent	⚥	Clôtures en pierres	▦
Moulin-à-eau	⚡	Clôtures en haie	▦

Gros-Buisson (Hameau)   Cléry (Village)   DÔLE (VILLE)

  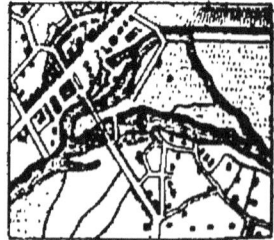

Bois.

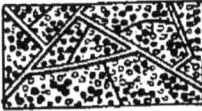

Vignes.

Prés.

Vergers.

Haies et Jardins.

Tourbières

Marais Salants.

Bruyères et Falaises.

Marais.

Dunes et Sables.

Rochers plats (dans la mer)

Montagnes

SIGNES ADMINISTRATIFS.

Limite d'Etat.

Limite de Commune

Limite de Département.

PRÉFECTURE......... PF

Limite d'Arrondissement.

SOUS-PRÉFECTURE...... SP

Limite de Canton.

CANTON.............. CT

EXTRAIT DU CATALOGUE

des *Publications militaires*

de la Librairie Ch. DELAGRAVE, 15, rue Soufflot, Paris.

———

Manuel de l'engagé volontaire d'un an. — *Notions sur l'étude de l'art militaire*, par LE MÊME. 1 vol. in-18, cart. » 50

Manuel à l'usage des engagés conditionnels d'infanterie, rédigé conformément aux programmes ministériels du 26 octobre 1875. — Législation. — Administration. — Topographie. — Fortification. 1re année. 1 vol. in-12, orné de vignettes intercalées dans le texte et de modèles, cart. 2 50

Manuel à l'usage des engagés conditionnels de cavalerie. 1 vol. in-12, orné de vignettes intercalées dans le texte et de modèles, cart. 3 »

Cours élémentaire de fortification, par E. BAILLY, capitaine du génie. 1re partie : *Fortification passagère.* 1 vol. in-8°, avec de nombreuses figures dans le texte, et 9 planches. 3 »
    Publication de la Réunion des officiers.

Carte de la France avec les divisions et subdivisions militaires à 1 : 2.100.000°. 1 feuille colombier (65 c. sur 90 c.) coloriée. » 75

Manuel général des connaissances utiles dans l'armée, à l'usage des officiers et sous-officiers de toutes armes de l'armée active et de l'armée territoriale et des engagés conditionnels d'un an, comprenant :
1° Art militaire — 2° Artillerie — 3° Topographie — 4° Fortification — 5° Guide médical — 6° Notions d'hippologie — 7° Administration et législation.
    Par MM. les capitaines BARTHÉLEMY et LABICHE, professeurs à l'École militaire de Saint-Cyr, MM. EMERY-DESBROUSSES et CHASSAGNE, médecins-majors, M. SALLE, vétérinaire en premier, etc.

Guide médical pratique de l'officier, à l'usage des généraux et chefs de corps, officiers de tous grades, officiers de recrutement et membres des conseils de révision, par M. Amédée CHASSAGNE, médecin-major au 7e dragons, et M. EMERY-DESBROUSSES, médecin-major au 4e cuirassiers, officier de la Légion d'honneur. 1 beau vol. in-8°, orné de nombreuses figures intercalées dans le texte. 5 »
    Publication de la Réunion des officiers.

Géographie militaire du bassin du Rhin, par A. PICHAT, commandant. 1 vol. in-8°, avec une grande carte du bassin du Rhin et dix plans de forteresses tirés à part, br. 6 »
    Publication de la Réunion des officiers.

L'Angleterre et la Russie dans l'Asie centrale. Rapport politique et stratégique par Valentin BAKER, ancien colonel du 10e régiment de hussards, traduit de l'anglais avec l'autorisation de l'auteur, avec un avant-propos et des notes, par G. DE GAUGLER, ancien officier de chasseurs à pied. 1 vol. in-12 avec une carte, br. 4 »
    Publication de la Réunion des officiers.

ENSEIGNEMENT

DANS LES

ÉCOLES RÉGIMENTAIRES

Ouvrages répondant aux programmes ministériels des 30 septembre 1874 et 18 avril 1875

Premier degré.

Alphabet du Soldat. Nouvelle édition. 1 vol. in-12, cartonné.
Net. » 20
  Adopté par le Ministre de la Guerre pour toutes les écoles régimentaires.

Cahiers d'écriture avec calques en couleur, application immédiate dans des mots de chaque lettre étudiée. 10 cahiers, dont 7 de cursive, 1 de ronde, 1 de bâtarde et coulée, 1 de gothique.
Le cent de cahiers. 5 »

Petite arithmétique pratique. (Pratique des quatre règles.)
1 vol. in-18, cart. » 40

Deuxième degré.

Manuel, comprenant la grammaire, l'arithmétique, la lecture des cartes, la géographie, des notions pratiques pour les petites opérations de la guerre. 4° édition, entièrement refondue. 1 vol. in-12 avec figures, cart. 1 »
  Adopté par le Ministre de la Guerre pour toutes les écoles régimentaires.

Troisième degré.

Manuel, comprenant l'histoire de France, la géographie, l'arithmétique, la géométrie, la topographie, les fortifications passagères. 4° édition, revue et corrigée. 1 vol. in-12, avec figures, cart. 3 50
  Adopté par le Ministre de la Guerre pour toutes les écoles régimentaires.

Atlas de Géographie, composée d'après les programmes et contenant 16 cartes. 1 vol. in-8°, cart. 2 »

952. — Abbeville. — Typ. et stér. Gustave Retaux.

12